DWIGHT D. EISENHOWER

Un héroe de guerra en la Casa Blanca

Por Gilles Rahier
En colaboración con Pierre Frankignoulle
Traducido por Marina Martín Serra

Historia en50MINUTOS.es

DWIGHT DAVID EISENHOWER

- **¿Nacimiento?** El 14 de octubre de 1890 en Denison (Texas).
- **¿Muerte?** El 28 de marzo de 1968 en Washington D. C.
- **¿Partido político?** El Partido Republicano.
- **¿Fechas de las elecciones?**
  - El 4 de noviembre de 1952.
  - El 6 de noviembre de 1956.
- **¿Duración del mandato?** 8 años.
- **¿Principales aportaciones?**
  - El final de la guerra de Corea.
  - La recuperación económica y la reducción de la inflación.
  - La lucha contra el macartismo.
  - Los avances significativos en materia de desegregación racial.
  - La doctrina Eisenhower.
  - La contención del comunismo.
  - La relativa distensión de las relaciones con la URSS.

En 1952 el Partido Republicano de los Estados Unidos elige a Dwight David Eisenhower, héroe de la Segunda Guerra Mundial (1939-1945) al que le debemos la liberación de Europa, como candidato para las elecciones presidenciales del país. Respaldándose en su imagen de gran diplomático, sale elegido con una cómoda ventaja sobre su oponente demócrata, Adlai Ewing Stevenson (1900-1965), al que derrotará de nuevo en las elecciones de 1956.

Eisenhower, que es el primer presidente del Partido Republicano en ser elegido tras un periodo de 20 años, forma un Gobierno moderado dirigido por el sector privado. Su mandato se enmarca en un período repleto de agitación económica, que permite que el país se desarrolle para convertirse en lo que más tarde se denominará la «sociedad opulenta» (Affluent Society). También tendrá que enfrentarse a los horrores de los peores enfrentamientos internos en los Estados Unidos, tales como la paranoia nacida del macartismo o la lucha contra la segregación racial.

En plena Guerra Fría (1947-1990), combate la influencia comunista en el mundo a través de la doctrina que lleva su nombre. Gracias a sus habilidades de negociación, logra calmar un poco las tensiones que congelan las relaciones entre los Estados Unidos y la URSS.

Hombre de consenso, más tarde considerado uno de los presidentes de los Estados Unidos más apreciados, se retira de la vida pública después de ocho años de presidencia. Sin embargo, a pesar de esta cara amable que muestra, su último discurso será recordado por su advertencia contra el complejo militar-industrial que está ganando importancia y el auge del militarismo estadounidense, desmontando de golpe la visión que por lo general se tiene de este hombre.

BIOGRAFÍA

Retrato de Dwight David Eisenhower.

FORMACIÓN MILITAR

Dwight David Eisenhower nace el 14 de octubre de 1890 en el seno de una familia muy creyente y obrera, procedente de la emigración alemana del siglo XVIII —su apellido real es Eisenhauer—. Sus padres, David Jacob Eisenhower (1863-

1942) e Ida Elizabeth Stover (1861-1879), ya habían tenido otros dos hijos antes que él.

Después de una escolarización relativamente mediocre en Kansas, Eisenhower entra en la academia militar de West Point en 1911. Allí conoce a la que se convertirá en su esposa en 1916, Mary (Mamie) Geneva Doud (1896-1979), hija de un rentista de Iowa, con la que tendrá dos hijos. En 1920, se gradúa con el rango de teniente y obtiene unos resultados que están dentro de la media de su promoción.

Cuando estalla la Primera Guerra Mundial (1914-1918), Eisenhower solicita que lo envíen al frente, pero su petición es rechazada. Obligado a permanecer en los Estados Unidos, es nombrado instructor en diversos centros de entrenamiento. A través del trabajo duro y la perseverancia, logra ir escalando posiciones en la jerarquía militar. En 1924, después de haberse ido dos años al canal de Panamá, continúa su formación militar en el Fuerte Leavenworth (Kansas) y en el War College (Pensilvania). De 1933 a 1939, es adjunto del general Douglas MacArthur (1880-1964) en la región de Filipinas, donde debe supervisar la creación de un ejército local. De vuelta a los Estados Unidos, es nombrado general de brigada en 1941.

SOBRE EL TERRENO

Después del ataque a la base aeronaval estadounidense de Pearl Harbor por parte de las fuerzas japonesas en 1942, los Estados Unidos entran en la Segunda Guerra Mundial. A Eisenhower finalmente le ha llegado la hora de demostrar lo que vale. El general George Catlett Marshall (1880-1959) lo llama para que participe en la realización de los planes de desembarcos en Europa. Designado comandante supremo de las tropas estadounidenses y, más adelante, de las fuerzas aliadas en Europa, decide lanzar la Operación Antorcha en el Norte de África, así como las operaciones Husky y Ladbrooke en Italia, que cambian de forma permanente el destino de la guerra, permitiendo que los Aliados creen diferentes frentes para dividir las tropas enemigas.

UN NUEVO FRENTE PARA DARLE UN RESPIRO A RUSIA

En septiembre de 1942, en el bando aliado surge la idea de crear un segundo frente militar para darle un respiro al frente ruso, donde se concentra el esfuerzo de guerra alemán. Para ellos es la única manera de ganar la guerra. El general George Catlett Marshall le encarga entonces a Eisenhower que planifique un desembarco en el Norte de África (Marruecos y Argelia, entonces colonias francesas). Con la ayuda de la resistencia francesa en el lugar, rápidamente toman Argel y comienzan la campaña de Túnez (1942-1943).

Poco después, siguiendo el mismo objetivo, el alto mando, dirigido por el general Eisenhower, decide realizar un desembarco en las costas de Italia —más concretamente, en Sicilia— en julio de 1943. Después de un mes de la batalla, la Operación Husky se salda con un éxito, con la toma del territorio y la retirada de los alemanes. Entonces, la invasión de Italia puede comenzar.

Cuando las fuerzas aliadas deciden abrir un frente en el Oeste para acabar con el cerco de Alemania, Eisenhower es el elegido para dirigir el desembarco de Normandía (6 de junio de 1944), una operación en la que dirige la mayor fuerza militar de invasión de todos los tiempos y en la que logra conciliar los temperamentos de los diferentes generales: el francés (Charles de Gaulle, 1890-1970), el inglés (Bernard Law Montgomery, 1887-1976) y el estadounidense (George Smith Patton, 1885-1945). La operación es todo un éxito y, gracias a ella, Europa puede finalmente ser liberada del yugo alemán.

El desembarco de las tropas aliadas en Normandía el 6 de junio de 1944.

CARRERA POLÍTICA

En 1948, Eisenhower elige dejar el Ejército para convertirse en presidente de la Universidad de Columbia, una de las más prestigiosas del país. En 1951, deja su puesto tras su nominación como comandante supremo de las fuerzas de la OTAN, un puesto que confirma sus habilidades diplomáticas. Entonces, el Partido Republicano lo elige para que sea candidato a las elecciones presidenciales estadounidenses de 1952. Tras haber ganado las elecciones con una amplia mayoría, ejerce el cargo de presidente de los Estados Unidos a partir de 1953. Es reelegido en 1956, y ocupa el puesto hasta 1961.

En 1961 se retira de la vida política, tras haber defendido la candidatura de su vicepresidente, Richard Milhous Nixon (1913-1994). Entonces, se instala en Gettysburg (Pensilvania), desde donde escribe sus memorias y participa ocasionalmente en la vida política estadounidense. Enfermo, fallece el 28 de marzo de 1968 en un hospital militar de Washington D. C.

CONTEXTO

LA POSGUERRA Y EL INICIO DE LA GUERRA FRÍA

Cuando la Segunda Guerra Mundial acaba, con la victoria de los Aliados sobre los regímenes totalitarios, el orden mundial se encuentra completamente trastornado. En efecto, Europa, hasta entonces dominante, está desgarrada y arruinada por cinco años de un conflicto que destruye una gran parte de su territorio y de sus infraestructuras. Esto favorece la emergencia de dos superpotencias: los Estados Unidos y la URSS. A pesar de que, durante el conflicto, ambas consiguen entenderse a pesar de sus profundas diferencias ideológicas, sus relaciones se deterioran con bastante rapidez, sobre todo durante las conferencias de Yalta y de Potsdam (1945). Durante estas conferencias, los vencedores tienen la ardua tarea de decidir cómo dividir al mundo. Aprovechando la ocasión, los occidentales intentan limitar la influencia rusa en Europa instaurando elecciones en los países que habían sido ocupados por los alemanes. Sin embargo, justo después de la conferencia, los rusos rompen el acuerdo organizando golpes de Estado en Rumanía y en Polonia.

LA UNIÓN DE REPÚBLICAS SOCIALISTAS SOVIÉTICAS

Creada en 1922 por el Partido Bolchevique, la URSS (Unión de Repúblicas Socialistas Soviéticas) es un

Estado totalitario gobernado con mano de hierro por el Partido Comunista y por hombres como Lenin (1870-1924) y Joseph Stalin (1878- 1953). Junto con China, se convierte en la punta de lanza de la Internacional Comunista, que aboga por la dictadura del proletariado, mediante la nacionalización de los recursos naturales y de los medios de producción, así como mediante la eliminación de la propiedad privada.

La URSS, que reúne a 15 repúblicas independientes en un Estado federal (Armenia, Azerbaiyán, Bielorrusia, Estonia, Georgia, Kazajstán, Kirguizistán, Letonia, Lituania, Moldavia, Uzbekistán, Rusia, Tayikistán, Turkmenistán y Ucrania), seguirá siendo el Estado más grande del mundo durante la Guerra Fría. Su disolución se produce el 26 de diciembre de 1991, tras la proclamación de independencia de numerosos países.

A pesar de que en 1945 se crean las Naciones Unidas, encargadas de garantizar la seguridad mundial, las tensiones entre los dos bloques aumentan cada vez más y acaban desembocando en un conflicto ideológico y político: la Guerra Fría. Aunque entre las dos superpotencias solamente se produce un encuentro militar durante la guerra de Corea (1950-1953), el miedo de que estalle una tercera guerra mundial está muy presente: el conflicto sería catastrófico para ambos bandos, a causa de la amenaza atómica. La mayoría de los enfrentamientos que se producen durante este periodo convulso (la guerra de Vietnam o de Afganistán, por ejemplo) transcurren sin que sus ejércitos se enfrenten de forma directa. Se trata más bien de un juego de influencias sobre territorios todavía no alineados, en los que tanto una potencia como la otra intentan que prevalezca su ideología.

LA CONTENCIÓN DEL COMUNISMO Y EL TEMOR ROJO (RED SCARE)

Con la decadencia del imperio colonial y los daños sufridos durante la Segunda Guerra Mundial, el liderazgo mundial pasa a manos de los Estados Unidos. En el contexto de la Guerra Fría, la doctrina desplegada por el predecesor de Eisenhower, Harry S. Truman (1884-1972), consiste en limitar la propagación del comunismo a través de la doctrina de la contención (*containment*). Según él, hay que contener la influencia de la URSS dentro de sus fronteras a través del apoyo militar y económico aportado a las fuerzas de los países extranjeros, que luchan contra el desarrollo de Estados comunistas.

Pero este miedo al comunismo exacerbado por las tensiones también está presente en el interior del país, donde nace la idea de que en el propio seno de los Estados Unidos habría altos cargos que desearían instaurar en el país un régimen totalitario comunista. Esta paranoia provoca una verdadera caza de brujas. De hecho, desde 1938, se pone en marcha un comité de la Cámara de Representantes para analizar las actividades antiamericanas (House Un-American Activities Committee o Comité de Actividades Antiamericanas). Toda persona acusada puede entonces perder su trabajo y ver su honor ultrajado. Su portavoz más virulento, que conseguirá que una gran parte de la opinión pública se sume a sus ideas, es el senador Joseph McCarthy (1908-1957), que da su nombre a este movimiento represivo.

A partir de 1950, se llevan a cabo investigaciones con el objetivo de localizar a los simpatizantes o militantes comunistas en el territorio estadounidense. Este clima de violencia alcanza su apogeo el 5 de abril de 1951, cuando

Julius (1918-1953) y Ethel Rosenberg (1915-1953), una pareja de ingenieros de origen judío, son condenados a muerte por supuestamente haber entregado información científica de los Estados Unidos a los comunistas. Pero, frente a los métodos utilizados, el descontento comienza a surgir dentro del país. Así, a mediados de los años cincuenta, el senador Joseph McCarthy ve cómo su popularidad cae en picado.

LOS *FIFTIES* Y LA SOCIEDAD DE ABUNDANCIA

A pesar del tenso contexto internacional, la situación de la economía estadounidense de los años cincuenta y sesenta es favorable. Los Estados Unidos, en efecto, viven una verdadera edad de oro que marca el punto álgido de un estilo de vida a la americana. Durante este periodo, llamado «los Treinta Gloriosos», se desarrolla el concepto de la «sociedad opulenta».

Mientras que los economistas temían que el fin de la economía de guerra sumergiera al país en una importante crisis por el retorno de los soldados y el fin de la fabricación masiva de armas, la realidad es totalmente distinta. El crecimiento económico es tal que la mayoría de los estadounidenses tienen un empleo. La clase media se desarrolla y ahora goza de un nivel de vida elevado, en relación con los estándares de la época.

Además, al ayudar a los países europeos a llevar a cabo su reconstrucción, los Estados Unidos consiguen que se duplique su producción agrícola e industrial. El país americano, por sí solo, produce la mitad de los bienes del planeta. Durante esta década, también se observa un aumento sustancial de la población, tras el *baby boom* y gracias a los progresos en medicina, que ayudan a que baje la mortalidad.

No obstante, a pesar del crecimiento y la prosperidad, las clases sociales más bajas y más frágiles se ven excluidas de esta coyuntura favorable. Aunque se produce el desarrollo de la clase media, cada vez aumenta más la diferencia entre los más ricos y los más pobres: el 25 % de la población vive por debajo del umbral de la pobreza. Entonces, en el mundo cultural se alzan algunas voces para denunciar la *american way of life* (el estilo de vida estadounidense) y su gusto por el confort y la seguridad, prefigurando la ola jipi de los años sesenta.

LA SEGREGACIÓN RACIAL Y LOS DERECHOS CIVILES

Aunque la guerra civil (1861-1865) acaba con la esclavitud en los Estados Unidos, los afroamericanos siguen siendo excluidos de la sociedad. Así, a principios de los años cincuenta, en algunos estados del sur —que aún se oponen a la emancipación de las minorías negra e india— todavía persisten algunas leyes que restringen el acceso a las escuelas y a los edificios públicos. A pesar de los esfuerzos de los grupos políticos más progresistas, la situación se desbloquea gracias a los movimientos ciudadanos afroamericanos que no dudan en recurrir al Tribunal Supremo para mejorar sus condiciones de vida.

El Tribunal Supremo es la máxima instancia judicial de los Estados Unidos. Está formado por nueve jueces —uno de los cuales se encarga de presidir—, designados por el presidente y elegidos entre los juristas más eminentes. Son vitalicios y solo pueden ser destituidos por el Congreso.

Reconocido como único tribunal por la Constitución de los Estados Unidos, sus decisiones se basan sobre todo en la revisión de las leyes federales o estatales que entrarían en contradicción con la Constitución. Es lo que llamamos la facultad de revisión judicial. Todos los demás tribunales del país deben respetar sus decisiones y hacerlas cumplir.

Gracias al juez Earl Warren (1891-1974), las minorías consiguen importantes avances en materia de derechos civiles. Las decisiones adoptadas en este momento permiten el desarrollo de los derechos individuales, como la igualdad de acceso a la escuela y la igualdad ante la ley.

LA LUCHA POR LA CASA BLANCA DE 1952

Tras haber ganado las elecciones primarias republicanas, Eisenhower se encuentra frente al candidato demócrata Adlai Ewing Stevenson. Este último es un abogado de renombre que, frente a la simplicidad del republicano, opone una figura de intelectual familiarizado con las grandes familias estadounidenses. Con todo, quitando estas diferencias, el programa presentado por ambos candidatos se parece sensiblemente, ya sea en materia de política interior o exterior.

Durante la campaña, los ataques de los conservadores se centran en la corrupción y la falta de reacción de los demócratas frente a la amenaza comunista. Son las tres C: «Corea, comunismo y corrupción». El Partido Republicano presenta a su candidato como un antiguo héroe de guerra, un diplomático de renombre y una persona respetada, frente a demócratas «socialistas» salpicados por los escándalos y corrompidos por largos años en el poder. En respuesta, los demócratas no dudan en atacar la personalidad de Eisenhower ni en señalar las divisiones que han marcado al Partido Republicano a lo largo de su historia.

La campaña en la que participa Eisenhower es la primera en la que la televisión tiene una clara influencia en los votantes, sobre todo cuando el candidato conservador a la vicepresidencia, Richard Milhous Nixon, acusado de disponer de un fondo ilícito para su campaña, hace un discurso que retransmite la televisión y que seguirán 60 millones de telespectadores. Aunque primero Eisenhower pide a su compañero de lista que se retire de la carrera presidencial, el impacto de su discurso es tal que cambia de opinión.

Dwight David Eisenhower finalmente sale elegido con el 55 % de los votos frente a su rival demócrata. Será el primer presidente republicano en veinte años. El Congreso también está dominado por los conservadores (221/211 en la Cámara y 48/47 en el Senado).

La campaña presidencial de Eisenhower en 1952.

MOMENTOS CLAVE

EL HOMBRE DEL EQUILIBRIO JUSTO

Además de los círculos políticos habituales del partido conservador, Dwight David Eisenhower es elegido ante todo por su aura de general militar triunfante. Así pues, lo que se celebra el 4 de noviembre de 1952 es más bien la victoria de un hombre que la de un partido.

Inmediatamente después, el presidente electo forma un Gobierno moderado. Con el apoyo de la comunidad empresarial, se rodea de personas del sector privado familiarizadas con las administraciones. Como todo buen militar, sabe delegar algunas de sus responsabilidades a personas de confianza y no exponerse directamente a malas decisiones. Compone su gabinete no con líderes del partido conservador, sino con hombres con sentido práctico, como el secretario de Defensa Charles Erwin Wilson (ingeniero estadounidense, 1890-1961), expresidente de General Motors.

Al principio de su mandato, el discurso de Eisenhower a menudo es agresivo y amenazador, pero su pragmatismo lo conduce rápidamente a la cautela y a la diplomacia. Durante las negociaciones es muy hábil, y tomará sus decisiones intentando complacer, la mayoría de las veces, a las diferentes partes. Los primeros años de su mandato marcan un cambio profundo en relación con las administraciones demócratas, pero sus detractores remarcan sobre todo que existe una gran diferencia entre su retórica y sus acciones.

EL CONSERVADURISMO PROGRESISTA

Tras los horrores del crac bursátil de 1929, los presidentes estadounidenses realizan grandes avances sociales y Eisenhower no es una excepción. Durante su mandato, amplía la seguridad social y el seguro médico a siete millones de estadounidenses, además de aumentar el salario mínimo. Asimismo, a partir de 1954 pone en marcha una política de financiación de las viviendas sociales. A pesar de estos avances, las diferencias entre las clases sociales más ricas y las más pobres siguen siendo muy significativas.

Poco después de su elección, define su política económica y social como un «conservadurismo progresista». A nivel económico, la intervención gubernamental se hace a favor de los hombres de negocios, lo que le hace ganarse el apodo de «hombre de Wall Street». Adepto de un liberalismo económico total, privilegia un sistema de control de la economía que sea lo menos restrictivo posible, en el que el Estado solamente garantice la estabilidad monetaria. Cuando llega a la Casa Blanca, suprime el control de los precios y de los salarios que se llevaba a cabo desde la guerra. Con todo, a causa del aumento constante del paro, no puede limitar la intervención del Estado como inicialmente deseaba hacerlo.

En un contexto económico favorable, pone en marcha una política de grandes obras públicas: hace conectar el río San Lorenzo con los Grandes Lagos por una vía navegable, y manda construir 65 000 kilómetros de carreteras en todo el país. Este tipo de proyectos le permite crear millones de puestos de trabajo, ya que las obras no se acaban hasta mediados de los años noventa. Este proyecto transforma y moderniza los Estados Unidos de forma duradera, al tiempo que proporciona una mejor conectividad interna, contribuyendo así al auge de la industria del automóvil.

UN CAMBIO EN POLÍTICA EXTERIOR

Dwight David Eisenhower logra poner fin a la guerra de Corea, que habrá causado más de un millón de víctimas mortales y que era uno de los puntos clave de su programa electoral. A partir de la firma del Armisticio de Panmunjom (27 de julio de 1953), el Gobierno de los Estados Unidos opta por una nueva estrategia que consiste en utilizar, en política exterior, un discurso disuasivo fuerte, basado especialmente en la intimidación nuclear, para limitar la participación de fuerzas armadas en conflictos lejanos y de larga duración.

En paralelo, la política se centra en la creación de una red de alianzas con países aliados. Por lo tanto, sigue con la idea de su predecesor Harry S. Truman al continuar apoyando económica y militarmente a los países en vías de desarrollo, de los que desea obtener un apoyo incondicional contra el bloque soviético.

En el caso de que sea inevitable realizar una intervención, prefiere que sea lo más corta posible, como en el caso del Líbano en 1958, cuando los Estados Unidos intervienen durante tres meses a petición de las autoridades en el poder para luchar contra un movimiento revolucionario que desea derrocar el régimen.

También se llevan a cabo operaciones secretas para defender los intereses económicos o ideológicos de los Estados Unidos, como en Guatemala en junio de 1954 o en Irán durante la Operación Ajax. La CIA (Agencia Central de Inteligencia) se convierte en un organismo importante por su clara participación en estos cambios de régimen.

Una operación secreta en Irán

La Operación Ajax es una operación secreta que la CIA lleva a cabo en Irán, con el objetivo de acabar con el régimen del primer ministro electo, Mohammad Mossadeq (1881-1967), que lleva a cabo una política de nacionalización de los yacimientos de petróleo del país.

Después de un primer intento fallido, los agentes de la CIA logran que la multitud y los soldados vinculados a la monarquía se levanten, gracias a falsos atentados y a falsas manifestaciones. La misión es un éxito y el poder monárquico del sah (soberano de Oriente Medio) se restaura a través de un golpe de Estado.

Al intervenir, los estadounidenses querían proteger los intereses de una compañía inglesa, la Anglo-Iranian Oil Company, que había perdido el control de la extracción de petróleo en el país. Después del golpe de Estado, el apoyo del nuevo régimen les permite distribuir licencias de extracción de petróleo a empresas estadounidenses. En el año 2000, durante la presidencia de Bill Clinton (nacido en 1946), el Gobierno de los Estados Unidos reconoce la implicación de la CIA en el asunto.

Con todo, el Gobierno elige no intervenir en cada nueva lucha contra el comunismo. Así, cuando el Ejército ruso reprime con violencia un movimiento popular nacional en Hungría que había conseguido derrocar al Gobierno comunista en vigor, los Estados Unidos no le prestan su ayuda.

Asimismo, durante la crisis del canal de Suez (1956), la ONU —y los Estados Unidos— ordena la retirada de las tropas de Gran Bretaña y de Francia del canal, que ocupaban cuando había sido nacionalizado por el presidente egipcio, Gamal Abdel Nasser (1918-1970). Al actuar de este modo, los Estados Unidos rechazan a estos dos aliados que se preocupan por proteger los intereses de sus imperios coloniales. A finales de ese mismo año, la gestión del canal se le confía oficialmente a Egipto.

Todos estos actos muestran los límites del discurso de endurecimiento y de intimidación de la Administración Eisenhower. Aunque existe una retórica de represalias y amenazas, esta se adapta a la situación y al tipo de política aplicado sobre el terreno.

LOS INICIOS DE LA DESEGREGACIÓN

Durante los años cincuenta, el movimiento de desegregación es lento, lo que permite que los estados del sur mantengan un *statu quo* a nivel de los derechos de las minorías raciales. Esta situación es posible porque el presidente Dwight David Eisenhower no está del todo de acuerdo con las decisiones de igualdad de los derechos adoptadas por el Tribunal Supremo. Algunos años más tarde, en relación con este tema reconocerá que se había equivocado con la nominación de Earl Warren a la presidencia del Tribunal Supremo. En efecto, Eisenhower pensaba que este último era tradicionalista, mientras que resulta ser muy progresista en las decisiones que adopta.

Sin embargo, el mayor avance en este ámbito ocurre con la decisión adoptada durante la sentencia de Brown. Linda Brown (nacida en 1942), estudiante afroamericana de Kansas, ve cómo se le deniega el acceso a una escuela a causa de la segregación racial. Su familia y algunas otras personas denuncian el hecho ante el Tribunal Supremo, con el apoyo de una asociación de defensa de los derechos civiles. En mayo de 1954, este reconoce e impone en todos los Estados la igualdad escolar y, con ello, el acceso de los negros a las escuelas reservadas para los blancos. Durante los años siguientes, estallan numerosas manifestaciones y algunos incidentes enfrentan a los partidarios de la desegregación con las autoridades gubernamentales de los estados del sur. Hasta su segundo mandato, en 1957, el presidente no hará intervenir a las fuerzas federales en Little Rock (Arkansas), después de que el gobernador ordene el cierre de una escuela en la que debían entrar nueve niños de color. Esta intervención presidencial acelera la integración escolar en los estados del sur del país.

Tropas gubernamentales escoltan a los nueve de Little Rock hacia la Little Rock Central High School.

En noviembre de 1956, tras la negativa de la afroamericana Rosa Parks (1913-2005) a ceder su asiento a un blanco en un autobús, el Tribunal Supremo denuncia la segregación en el transporte público en Alabama y pone punto final a la ley que obliga a los negros a ceder su asiento a los blancos y a sentarse en el fondo del autobús. Finalmente, en 1957, se realiza un progreso muy importante: el Congreso confirma el derecho al voto de los negros, que no siempre se aplicaba en algunos estados.

EL FIN DEL MACARTISMO

El primer mandato de Eisenhower también ve cómo acaba la virulencia del macartismo en 1954, cuando el Senado amonesta al senador Joseph McCarthy y lo aparta de la vida política. Desautorizado por el presidente por sus repetidos ataques contra el general George Marshall, su antiguo mentor, McCarthy ve cómo sus excesos y su vehemencia durante algunos interrogatorios vuelven a la opinión pública y a las fuerzas políticas de su partido en su contra. Aunque el hecho de apartar a McCarthy no acaba con la lucha interna contra el comunismo, el combate se vuelve más discreto.

A pesar de esto, Eisenhower decide no indultar al matrimonio formado por Ethel y Julius Rosenberg, ya que está seguro de su culpabilidad. A pesar de una campaña de protesta global, el matrimonio muere en la silla eléctrica el 19 junio de 1953. En 1954, el Gobierno enmienda la International Security Act (Ley de Seguridad Interna), que obligaba a las organizaciones comunistas a registrarse ante el Estado con el fin de prever actividades de sabotaje; esta modificación de la ley se lleva a cabo para prohibir y judicializar las actividades del Partido Comunista de los Estados Unidos, reconocido como una organización subversiva.

LA REELECCIÓN DE 1956 Y LA DOCTRINA EISENHOWER

Eisenhower es reelegido en noviembre de 1956, con el 57 % de los votos y derrotando a Adlai Ewing Stevenson, al que ya había vencido en 1952. Esta vez, se enfrenta a una mayoría demócrata en la Cámara y el Senado, pero logra gobernar con ellos sin problemas importantes, gracias a su capacidad de conciliación y de moderación. Además, tras el fin del macartismo y de la guerra de Corea, las tensiones políticas y las divisiones internas del país disminuyen, lo que le permite reunir un amplio consenso para gobernar.

Tras su reelección, define la política exterior del país —especialmente volviéndose hacia Oriente Medio— a la que se llamará la doctrina Eisenhower. Respaldada por el Congreso, esta se define por el envío de tropas militares para ayudar a cualquier país de Oriente Medio que pida apoyo contra un ataque de un país comunista. El objetivo es mantener intacta la influencia de los Estados Unidos en esta importante región para la producción de petróleo. La doctrina se aplica durante la intervención en el Líbano en 1958.

UNAS RELACIONES CON LA URSS MÁS DISTENDIDAS

El 4 de octubre de 1957, la Guerra Fría adopta un nuevo cariz cuando la Unión Soviética pone en órbita el primer satélite artificial, el Sputnik, provocando una onda expansiva en los Estados Unidos, que se quedan estupefactos por no haber podido superar a la Unión Soviética en la carrera espacial. Para recuperar ese retraso, se abren fondos de ayuda para la educación nacional. Un año más tarde se crea la NASA, que recibe la misión de coordinar las investigaciones efectuadas en los ámbitos aeronáutico y aeroespacial.

El secretario de Estado, John Foster Dulles (1888-1959) decide entonces desarrollar una nueva política, el New Look, encargada de reprimir el comunismo (Roll Back), mediante un discurso disuasorio de represalias masivas (sobre todo nucleares). Pero este cambio de discurso sigue siendo principalmente teórico y retórico. Por último, desde la muerte de Stalin en 1953, las tensiones entre las dos superpotencias disminuyen, y se llevan a cabo negociaciones desde la entronización de Nikita Kruschev (1894-1971), el mismo año. Tres años más tarde, este último elabora la doctrina de la coexistencia pacífica entre los dos bloques.

Eisenhower y Kruschev con sus mujeres en una cena de Estado.

Las relaciones con la URSS se vuelven menos tensas, sobre todo gracias a la visita de Nikita Kruschev a los Estados Unidos en 1959. Sin embargo, este nuevo entendimiento sigue siendo muy frágil y, en 1960, un avión de reconocimiento estadounidense U2 es derribado por los soviéticos en su territorio. Al no recibir disculpas por parte de Eisenhower por esta incursión militar secreta en su territorio, el líder ruso sale de la Conferencia de París (1960), que debía resolver el problema de la administración de la ciudad de Berlín. Las relaciones entre los dos bloques seguirán siendo difíciles hasta el nombramiento del sucesor de Eisenhower, John Fitzgerald Kennedy (1917-1963).

Una primera visita oficial a los Estados Unidos

La gira americana del primer secretario del Partido Comunista, Nikita Kruschev, en septiembre de 1959, es la primera visita oficial de un dirigente comunista a los Estados Unidos desde el inicio de la Guerra Fría. Así pues, esta visita es un símbolo del apaciguamiento de las tensiones entre las dos superpotencias.

Junto con su familia y con oficiales soviéticos, Kruschev visita distintas ciudades del país antes de encontrarse con el presidente Eisenhower en Camp David, lugar de veraneo oficial de los presidentes estadounidenses, un encuentro que durará dos días. Su objetivo es encontrar una solución al problema del enclave de Berlín Oeste, situado en el territorio de la República Democrática de Alemania, haciendo que los occidentales acepten retirar sus tropas para convertirlo en una zona desmilitarizada. Sin embargo, la ruptura que se produce durante la Conferencia de París conduce a la construcción del muro de Berlín en 1961.

REPERCUSIONES

LA GUERRA DE VIETNAM

Mientras que los franceses combaten contra un movimiento de independentistas apoyado por los Estados comunistas durante la guerra de Indochina (1946-1954), los Estados Unidos deciden no implicarse militarmente en el conflicto, a pesar de la posición caótica de Francia. Con todo, aceptan concederle una ayuda económica que, sin embargo, resulta insuficiente. En julio de 1954, tras la capitulación de las tropas francesas, los Acuerdos de Ginebra ponen punto final al conflicto.

Entonces, la antigua Indochina es dividida en dos Estados, la República Democrática de Vietnam en el norte, apoyada por los Estados marxistas, y la República de Vietnam en el sur, con el respaldo de los Estados Unidos y de los países occidentales. A pesar de que, según los acuerdos, en 1956 se debe organizar un referéndum para votar sobre la reunificación de ambos países, el Gobierno de Eisenhower decide no hacer respetar esta cláusula, anticipando y temiendo la victoria de los líderes comunistas locales en caso de elecciones democráticas.

Por otro lado Eisenhower, que desconfía del avance comunista en la región, promete ayudar a los dirigentes de Vietnam del Sur e incluso, a partir de febrero de 1954, envía a asesores estadounidenses para que entrenen al Ejército survietnamita en el terreno. Tras esta importante decisión, los Estados Unidos finalmente deben tomar el relevo a

Francia en este atolladero del Sudeste Asiático y apoyar de forma continuada al Ejército survietnamita frente a los movimientos comunistas.

En agosto, la situación empeora y los Estados Unidos deciden intervenir directamente para rechazar a los movimientos comunistas. Sin embargo, la operación se estanca frente a un enemigo que conoce mucho mejor el territorio y que mantiene operaciones de guerrilla que desgastan a las tropas estadounidenses. El conflicto acaba con un fracaso total. En 1975, el Norte conquista el Sur y ambos Estados se reunifican, pasando a formar la República Socialista de Vietnam, integrada en el bloque comunista.

CUBA, UN ENEMIGO VECINO

La situación también empeora en Cuba a finales de los años cincuenta. Después de perder el apoyo de los Estados Unidos, el dictador Fulgencio Batista (1901-1973) es derrocado en 1958 por un movimiento revolucionario dirigido por Fidel Castro (1926-2016).

Aunque en un primer momento el Gobierno de Eisenhower reconoce el nuevo poder, las cosas cambian cuando este toma medidas comunistas, como la nacionalización de las materias primas o la exclusión del mercado de la empresa estadounidense United Fruit. Eisenhower reacciona inmediatamente y decreta un embargo sobre ciertas materias clave de la economía cubana, como el azúcar y el petróleo, tratando así de debilitar al nuevo régimen. En respuesta, este último se coloca bajo la égida de la URSS y firma con ella muchas convenciones de ayuda económica y militar.

La situación no mejora e incluso se vuelve catastrófica. La debacle del desembarco en Bahía de Cochinos en 1961 empuja al Gobierno cubano a aliarse con la URSS y Cuba se convierte en base avanzada comunista, al alcance de los disparos de los Estados Unidos.

BAHÍA DE COCHINOS

La Administración Eisenhower ve con malos ojos el desarrollo de un régimen comunista a menos de 2500 kilómetros de sus costas, y hacia el final de su mandato decide intervenir en Cuba. Incapaz de atacar directamente al país, la CIA entrena a cerca de 1400 refugiados cubanos en los Estados Unidos para que derroquen el régimen castrista.

Después de una operación aérea que destruye gran parte de la aviación cubana, los combatientes desembarcan en Bahía de Cochinos el 17 de abril de 1961. Al no poder contar con el apoyo de la población, el Ejército cubano los detiene rápidamente. Así, la operación se salda con un fracaso absoluto.

Un año después, la crisis de los misiles, que resulta de este fiasco, por poco degenera en una guerra nuclear cuando los estadounidenses se dan cuenta de que los rusos tratan de instalar una base de dispositivos atómicos en la isla vecina.

EL MOVIMIENTO DE LOS DERECHOS CIVILES EN LOS AÑOS SESENTA

El proceso de desegregación racial iniciado durante los años cincuenta alcanza su nivel de tensión máxima durante la década siguiente, bajo el Gobierno de John Fitzgerald Kennedy y de Lyndon Baines Johnson (1908-1973). Al no estar completamente de acuerdo con las reivindicaciones de los movimientos civiles, Eisenhower contemporiza al máximo los altercados relacionados con este tema extremadamente complejo para la sociedad tradicionalista de los Estados Unidos, pero los progresos limitados de los años cincuenta provocarán un clima de tensión durante la década siguiente.

Entonces, el movimiento de defensa de los derechos civiles lleva a cabo diversas acciones para obtener las modificaciones esenciales de las leyes de segregación, como sentadas u ocupaciones de lugares públicos. Durante la marcha sobre Washington (1963), en la que participan entre 200 000 y 300 000 personas, el pastor afroamericano Martin Luther King (1929-1968) se erige como líder y pronuncia un discurso que pasa a la posteridad: el célebre «I Have a Dream» («Tengo un sueño»).

La multitud reunida para la marcha sobre Washington.

Bajo la presión popular cada vez mayor, se produce un verdadero pulso entre el poder presidencial y el Estado federal y algunos estados del sur del país (Alabama y Carolina del Norte), que se niegan a aplicar los cambios constitucionales implementados. En este contexto, se producen enfrentamientos en los guetos afroamericanos de las grandes ciudades, en los que fallecen muchas personas.

Por último, la ley cambia con la Civil Rights Act (Ley de Derechos Civiles), firmada en 1964 por el presidente Lyndon Baines Johnson, que prohíbe todas las formas de discriminación y abole la segregación racial en los edificios públicos y en la Administración. En 1965, la Voting Rights Act (Ley de Derecho al Voto) permite que los negros voten en algunos estados del sur, donde la legislación todavía limitaba su derecho al voto.

EN RESUMEN

1890
14 oct.: nacimiento de Dwight David Eisenhower

1939-1945
Segunda Guerra Mundial

1950
25 jun.: inicio de la guerra de Corea

1953
20 en.: **investidura como 34.º presidente de los Estados Unidos**
27 jul.: fin de la guerra de Corea

1955
Inicio de la guerra de Vietnam

1957
20 en.: segunda investidura
Sept.: confirmación del derecho al voto de los negros

1958
29 jul.: creación de la NASA

1961
20 en.: **investidura de John F. Kennedy**

1968
28 mar.: fallecimiento de Dwight David Eisenhower

- Coronado con su puesto militar de comandante de las fuerzas aliadas en el desembarco de Normandía durante la Segunda Guerra Mundial, Dwight David Eisenhower es elegido en 1952 y en 1956 con una amplia ventaja sobre su rival demócrata. Gran diplomático y hombre de consenso, sigue siendo uno de los presidentes más populares del siglo XX.

- A pesar de su deseo de liberalizar al máximo la economía de los Estados Unidos, nunca podrá llevar a cabo la totalidad de su programa económico, pero impone una nueva conectividad en el interior del país mediante la creación de autopistas financiadas por el Estado. Bajo su gobierno se desarrolla la sociedad opulenta. El desarrollo de la clase media estadounidense materializa el llamado *american way of life*, es decir, el estilo de vida estadounidense.

- Durante el inicio de su mandato se produce el final del macartismo, que termina con la acusación que lanza el Senado a su iniciador. A partir de entonces, el período de tensiones internas y de la caza de brujas termina.

- En 1954, a pesar de la aparente pasividad de Eisenhower sobre las cuestiones relativas al desarrollo de los derechos civiles, la sentencia de Brown del Tribunal Supremo comienza a desmontar el sistema de segregación racial en los estados del sur de los Estados Unidos, que acabará estallando durante la siguiente década.

- El 27 de julio de 1953, Eisenhower pone fin a la guerra de Corea.

- Al comienzo de su segundo mandato, en respuesta a las tensiones en Oriente Medio, define la doctrina Eisenhower para limitar la influencia del bloque comunista en esta importante región para la producción de petróleo.

- Con el apoyo de Nikita Kruschev, los dos bloques logran coexistir en paz a pesar de las tensiones causadas por ciertos acontecimientos puntuales. Al final de su mandato, un problema diplomático prefigura el paroxismo de la Guerra Fría: la guerra de Vietnam y la crisis de Cuba, que tendrán lugar durante los años sesenta.
- En 1961 decide retirarse de la vida política después de haber intentado alertar la opinión pública acerca de la importancia creciente del complejo militar-industrial en el país y del aumento del militarismo estadounidense.
- Eisenhower fallece el 28 de marzo de 1968.

PARA IR MÁS ALLÁ

FUENTES BIBLIOGRÁFICAS

- Ambrose, Stephen. 1986. *Eisenhower*. París: Flammarion.
- Eisenhower, Dwight David. 1963. *Mes années à la Maison-Blanche*. París: Robert Laffont.
- Eisenhower, Dwight David. 1968. *Batailles pour la paix*. París: Éditions de Trévise.
- Fohlen, Claude. 1997. "De Truman à Eisenhower". *Histoire des États-Unis*. París: Flammarion.
- Heffer, Jean. 1997. *Les États-Unis de 1945 à nos jours*. París: Armand Colin.
- Jacquard, Roland. 1998. *De Washington à Clinton. La galerie des présidents américains*. París: Jean Picollec.
- Kaspi, André. 2002. *Les Américains. Les États-Unis de 1945 à nos jours*, tomo 2. París: Seuil.
- Kaspi, André y Hélène Harter. 2013. *Les présidents américains. De Washington à Obama*. París: Tallandier.
- Lacroix, Jean-Michel. 2013. *Histoire des États-Unis*. París: PUF.
- Mélandri, Pierre. 2008. *Histoire des États-Unis contemporains*. Bruselas: André Versaille.

FUENTES COMPLEMENTARIAS

- Alexander, Charles. 1975. *Holding the Line: the Eisenhower Era, 1952-1961*. Bloomington: Indiana University Press.
- Branyan, Robert L. y Lawrence Larsen. 1971. *The Eisenhower Administration, 1953-1961: A Documentary*

History. Nueva York: Random House.

- Divine, Robert. 1981. *Eisenhower and the Cold War*. Nueva York: Oxford University Press.
- Eisenhower, Dwight David. 1967. *At Ease: Stories I Tell to Friends*. Arlington: American Anthropological Association.
- Halberstam, David. 1994. *The Fifties*. Nueva York: Ballantine Book.
- Heffer, Jean. 1992. *Les États-Unis de Truman à Bush*. París: Armand Colin.
- Lagayette, Pierre. 2007. *L'empire de l'exécutif: la présidence des États-Unis de Franklin D. Roosevelt à George W. Bush (1933-2006)*. París: Armand Collin.
- Martel, Frédéric. 2006. *De la culture en Amérique*. París: Gallimard.
- Mélandri, Pierre. 1982. *La politique extérieure des États-Unis de 1945 à nos jours*. París: Presses universitaires de France.
- Mélandri, Pierre y Jacques Portes. 1991. *Histoire intérieure des États-Unis au XXe siècle*. París: Masson.
- Pach, Chester y Elmo Richardson. 1991. *The Presidency of Dwight D. Eisenhower*. Lawrence: University Press of Kansas.
- Sicard, Pierre. 1995. *Histoire économique des États-Unis depuis 1945*. París: Nathan.

FUENTES ICONOGRÁFICAS

- Retrato de Dwight David Eisenhower. La imagen reproducida está libre de derechos.
- El desembarco de las tropas aliadas en Normandía el 6

de junio de 1944. La imagen reproducida está libre de derechos.
- Fotografía del senador Joseph McCarthy. La imagen reproducida está libre de derechos.
- La campaña presidencial de Eisenhower en 1952. La imagen reproducida está libre de derechos.
- Tropas gubernamentales escoltan a los nueve de Little Rock hacia la Little Rock Central High School. La imagen reproducida está libre de derechos.
- Eisenhower y Kruschev con sus mujeres en una cena de Estado. La imagen reproducida está libre de derechos.
- La multitud reunida para la marcha sobre Washington. La imagen reproducida está libre de derechos.

PELÍCULA Y SERIE

- *Ike*. Serie de televisión dirigida por Boris Sagal, con Robert Duvall y Lee Remick. Estados Unidos: ABC, 1979.
- *El mayordomo*. Dirigida por Lee Daniels, con Forest Whitaker, Oprah Winfrey y Robin Williams. Estados Unidos: The Weinstein Company, Laura Ziskin Productions y Windy Hill Pictures, 2013.

en50MINUTOS.es
Historia
Economía y empresa
Coaching
Book Review
Salud y bienestar
EL DIAGRAMA DE ISHIKAWA
Solucionar los problemas desde su raíz
Material Método Máquina
Madre Naturaleza Medida Hombres
Economía y empresa
LA GUERRA DE PALESTINA DE 1948
DOMINA EL ARTE DEL NETWORKING

www.en50Minutos.es

ISBN ebook: 9782808002769

ISBN papel: 9782808002776

Depósito legal: D/2017/12603/659

Cubierta: © Primento

Libro realizado por <u>Primento</u>*, el socio digital de los editores*